Dieses Buch gehört:

Vorname _____

Nachname _____

Straße _____

Ort _____

Klasse _____

Deutsch-Spaß mit Mecki, Klasse 1

ademo GmbH

ISBN 978-3-86715-038-5

1. Auflage 8 | 2015

© ademo GmbH, Nürtingen 2015

Konzeption, Realisierung und Druck: ademo GmbH Nürtingen.
Fotolia: A. Velichkosky, M. Cole

Inhaltsverzeichnis

Das sind die Buchstaben A und a. Die kleinen Pfeile zeigen dir wie du sie schreiben musst. Bei **Schreibübung** unten auf der Seite kannst du üben.

Schreibübung

Da hat der freche Mecki die Buchstaben A und a mit Zaubertinte geschrieben und jetzt sind sie schon fast verschwunden. Schnell, male sie im großen A und a nach, bevor sie ganz verschwunden sind.

Buchstaben lernen

Das sind die Buchstaben B und b. Die kleinen Pfeile zeigen dir wie du sie schreiben musst. Bei **Schreibübung** unten auf der Seite kannst du üben.

Schreibübung

B B B B

b b b b

Lisa hat sich viel Mühe beim Schreiben von B und b gegeben und Mecki der Frechdachs hat einfach alle Buchstaben umgeworfen. Trage die Buchstaben in die grünen Lösungsfelder ein und schreibe mit den gleichen Farben.

Das sind die Buchstaben C und c. Die kleinen Pfeile zeigen dir wie du sie schreiben musst. Bei **Schreibübung** unten auf der Seite kannst du üben.

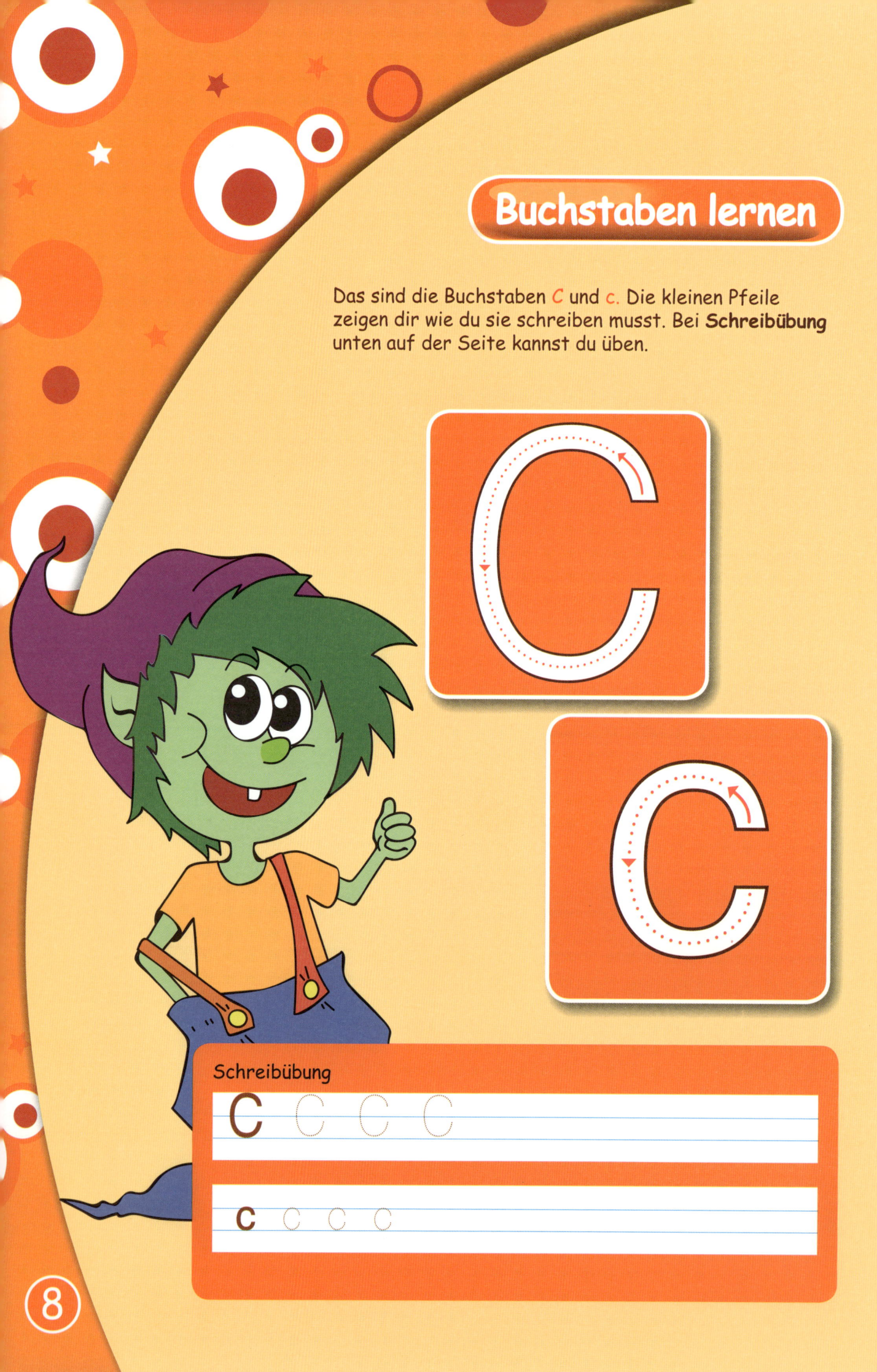

Schreibübung

Übungen

Mecki hat einige Freunde, deren Namen mit C beginnen oder deren Namen c enthalten. Jedem von ihnen möchte er ein Geschenk machen. Aber hat er auf den kleinen Schildchen nicht etwas vergessen? Ergänze die Namen mit C am Anfang und c im Namen.

__laudia

Ni__ole

__lemens

Bian__a

Pas__al

__hristoph

Jessi__a

Das sind die Buchstaben D und d. Die kleinen Pfeile zeigen dir wie du sie schreiben musst. Bei **Schreibübung** unten auf der Seite kannst du üben.

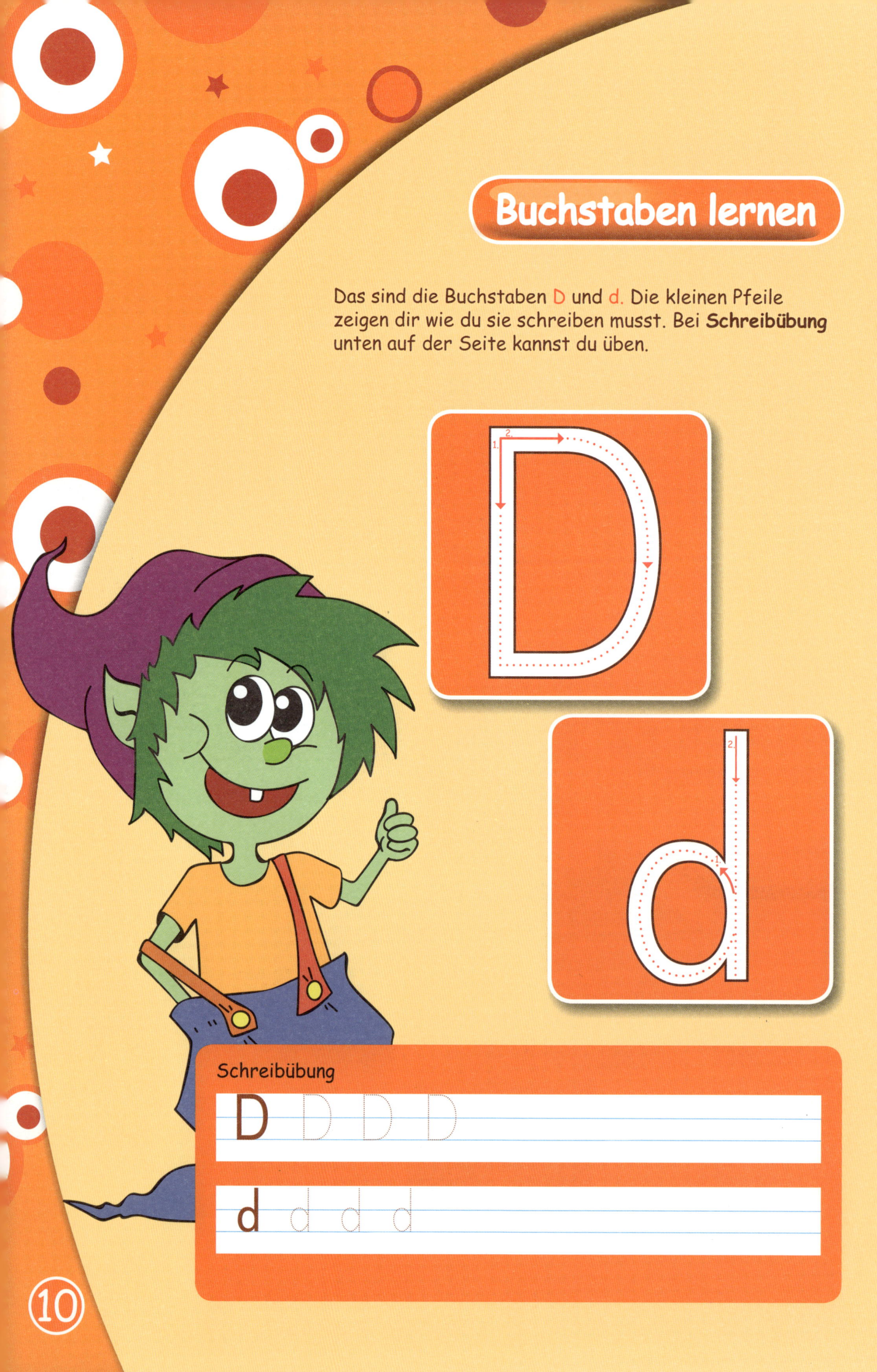

Schreibübung

D D D D

d d d d

Mecki hat sich Buchstabensuppe gekocht. Schreibe alle Buchstaben in die grünen Lösungsfelder. Zwei Buchstaben fehlen, weil sie der freche Mecki aufgegessen hat. Welche?

Großbuchstaben

Kleinbuchstaben

Es fehlen die Buchstaben:

Buchstaben lernen

Das sind die Buchstaben E und e. Die kleinen Pfeile zeigen dir wie du sie schreiben musst. Bei **Schreibübung** unten auf der Seite kannst du üben.

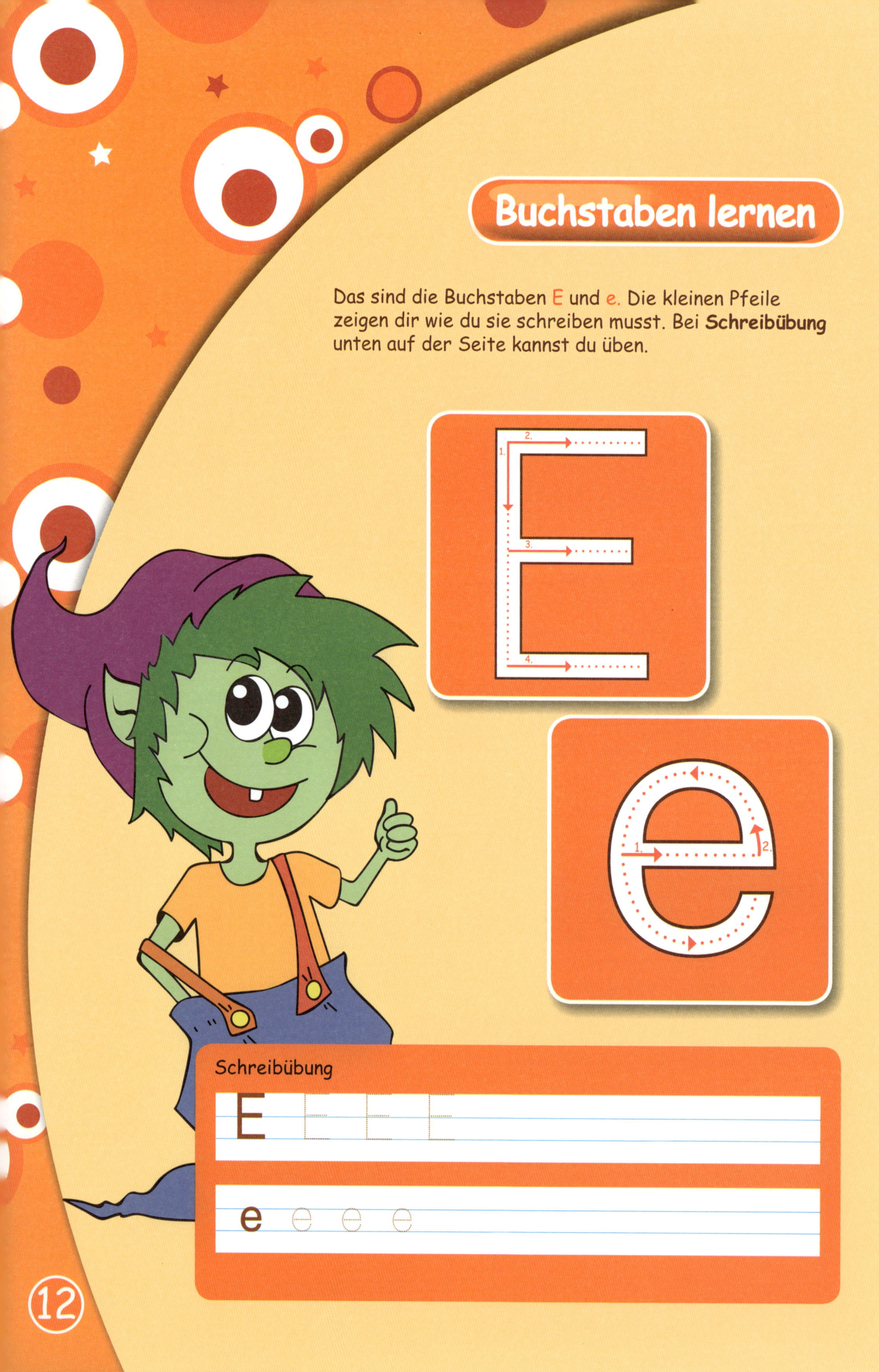

Schreibübung

E

e

Oh je, da hat Mecki Lauras Buchstabenkette falsch aufgefädelt. Schnell, schreibe die Buchstaben in der richtigen Reihenfolge in die leere Buchstabenkette, bevor Laura was merkt.

B E A C D

c d a e b

Super gemacht! Vielen Dank!

13

Buchstaben lernen

Das sind die Buchstaben F und f. Die kleinen Pfeile zeigen dir wie du sie schreiben musst. Bei **Schreibübung** unten auf der Seite kannst du üben.

Schreibübung

Übungen

Meckis Freund Herr Wurm hat eine Menge Buchstaben verschluckt. Schreibe die Wörter in die grünen Lösungsfelder und male die weißen Ringel von Herrn Wurm bunt aus.

Café kommt aus dem Französischen. Deshalb sitzt auf dem **e** ein ´.

Das sind die Buchstaben G und g. Die kleinen Pfeile zeigen dir wie du sie schreiben musst. Bei **Schreibübung** unten auf der Seite kannst du üben.

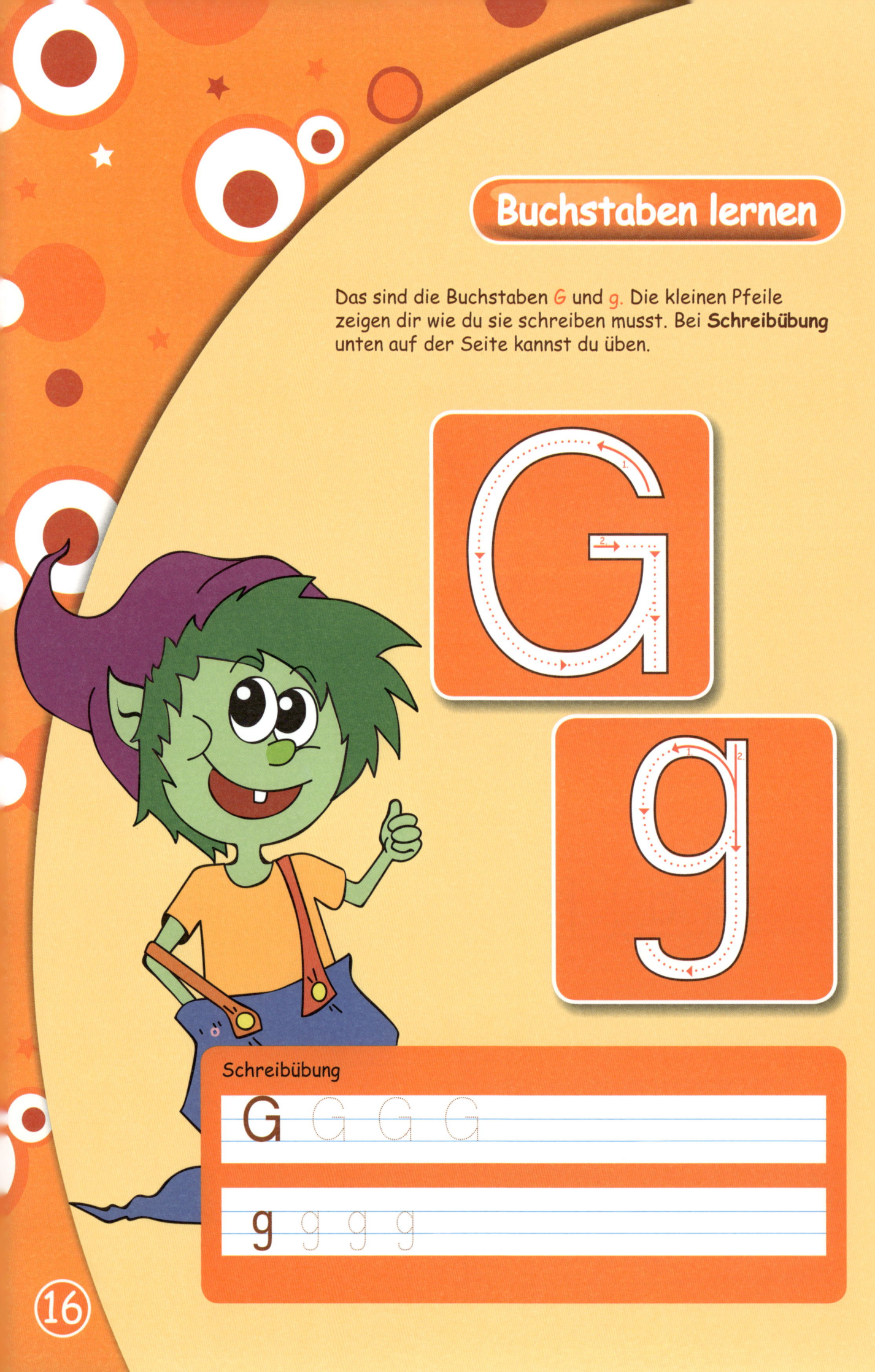

Schreibübung

G G G G

g g g g

16

Übungen

Fadenchaos. Mecki hat alle Fäden durcheinandergewirbelt.
Fahre die einzelnen Fäden nach und schreibe den
Buchstaben, der sich am Ende des Fadens befindet in das
Kästchen darüber und male das Kästchen in der Farbe des
Buchstabenkreises an.

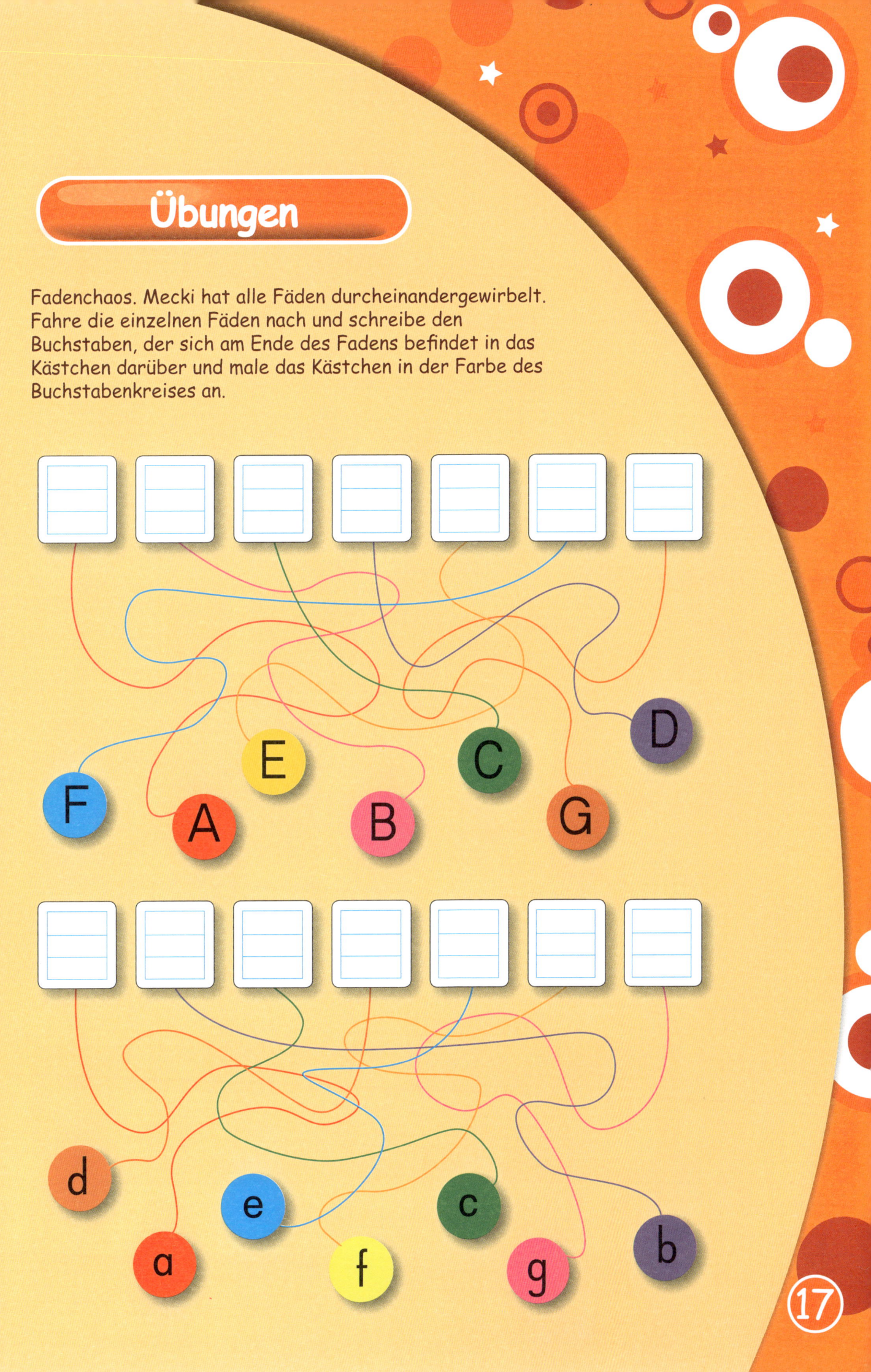

Das sind die Buchstaben H und h. Die kleinen Pfeile zeigen dir wie du sie schreiben musst. Bei **Schreibübung** unten auf der Seite kannst du üben.

Schreibübung

H

h

Übungen

Buchstabentafeln. Mecki hat alle Buchstabentafeln chaotisch aufgehängt. Schreibe die Groß- und Kleinbuchstaben nebeneinander in der richtigen alphabetischen Reihenfolge in die leeren Buchstabentafeln und male sie bunt an.

Buchstaben lernen

Das sind die Buchstaben I und i. Die kleinen Pfeile zeigen dir wie du sie schreiben musst. Bei **Schreibübung** unten auf der Seite kannst du üben.

Schreibübung

20

Mimi hat aus Buchstaben Wörter gebildet und Mecki der Schlingel hat alle Buchstaben in einen Sack gestopft. Bilde Wörter aus den Buchstaben, die die gleiche Farbe haben und schreibe sie unten in das grüne Feld.

Tipp!
Die großen Buchstaben zeigen dir den Wortanfang.

Das sind die Buchstaben J und j. Die kleinen Pfeile zeigen dir wie du sie schreiben musst. Bei **Schreibübung** unten auf der Seite kannst du üben.

J

j

Schreibübung

J J J J J

j j j j j

Übungen

Mecki spielt das Buchstaben-Seifenblasen-Spiel. Kannst du die Seifenblasen-Buchstaben erkennen? Schreibe sie in alphabetischer Reihenfolge in die bunten Perlen.

F A f
B e g j
b H
D h G
C J C i
a e d l
E

Großbuchstaben

Kleinbuchstaben

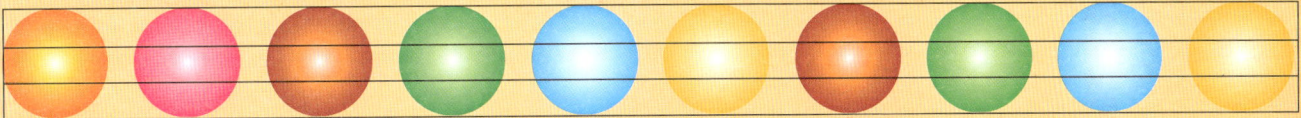

Das sind die Buchstaben K und k. Die kleinen Pfeile zeigen dir wie du sie schreiben musst. Bei **Schreibübung** unten auf der Seite kannst du üben.

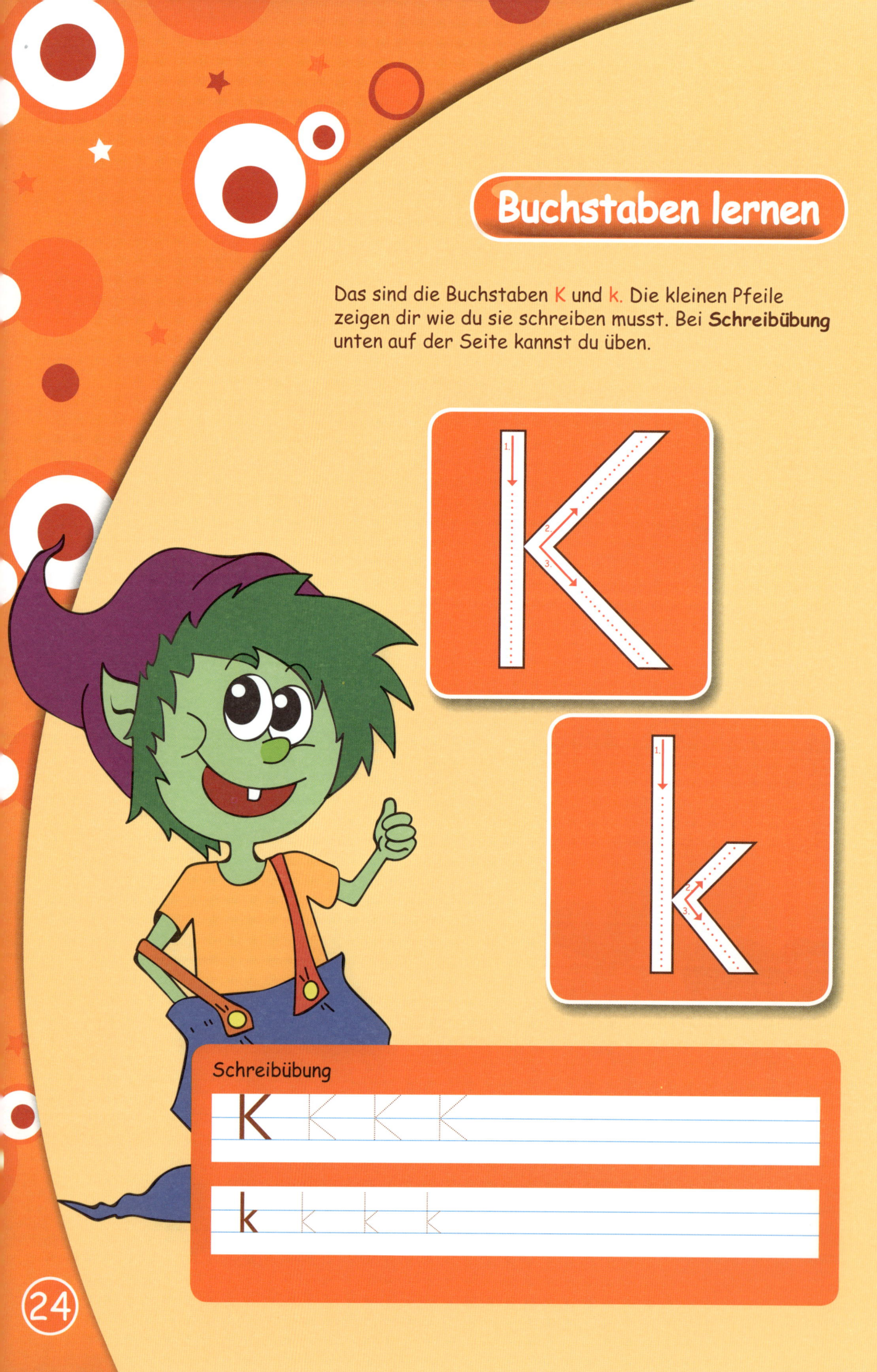

Schreibübung

K K K K

k k k k

Übungen

Anna hat mit Buchstabenwürfeln Wörter gebildet,
aber Mecki hat wieder alles durcheinandergebracht.
Kannst du erkennen, welche Wörter Anna gebildet hat?
Schreibe alle Wörter in die grünen Lösungsfelder.

Tipp!
Die Würfel mit
den großen Buch-
staben musst du
an den Anfang
setzen.

Das sind die Buchstaben L und l. Die kleinen Pfeile zeigen dir wie du sie schreiben musst. Bei **Schreibübung** unten auf der Seite kannst du üben.

Schreibübung

Mecki ist wütend, weil er die auf dem unteren Plakat versteckten Wörter nicht findet. Kreise die Wörter ein und schreibe sie für Mecki in die grünen Lösungsfelder. Schreibe L und l mit rotem Stift.

Kannst du mir helfen?

a	e	j	m	K	f	b
g	o	B	i	l	d	r
e	x	f	z	g	h	a
l	d	l	c	f	h	j
b	i	l	l	i	g	n
t	v	b	g	i	b	k
x	e	s	L	i	e	d

Das sind die Buchstaben M und m. Die kleinen Pfeile zeigen dir wie du sie schreiben musst. Bei **Schreibübung** unten auf der Seite kannst du üben.

Schreibübung

M M M M

m m m m

Mecki hat Schwierigkeiten das Rätsel zu lösen. Kannst du ihm helfen? Ergänze die Lösungswörter in den grünen Feldern und schreibe M und m mit rotem Stift. Beachte, dass du am Wortanfang große Anfangsbuchstaben schreiben musst.

Damit spielt Mecki gern.

Jedes Haus hat das, damit es nicht hineinregnet.

Damit deckt sich Mecki nachts zu.

Tier, das auf Bäumen lebt.

Damit backt Mecki Kuchen.

So nennt Mecki seine Mutter.

Das bekommt Mecki, wenn er beim Sport gewinnt.

Das trinkt Mecki jeden Morgen zum Frühstück.

B__ll

D__ch

__ecke

__ffe

__ehl

Ma__a

__edaille

__ilch

Das sind die Buchstaben N und n. Die kleinen Pfeile zeigen dir wie du sie schreiben musst. Bei **Schreibübung** unten auf der Seite kannst du üben.

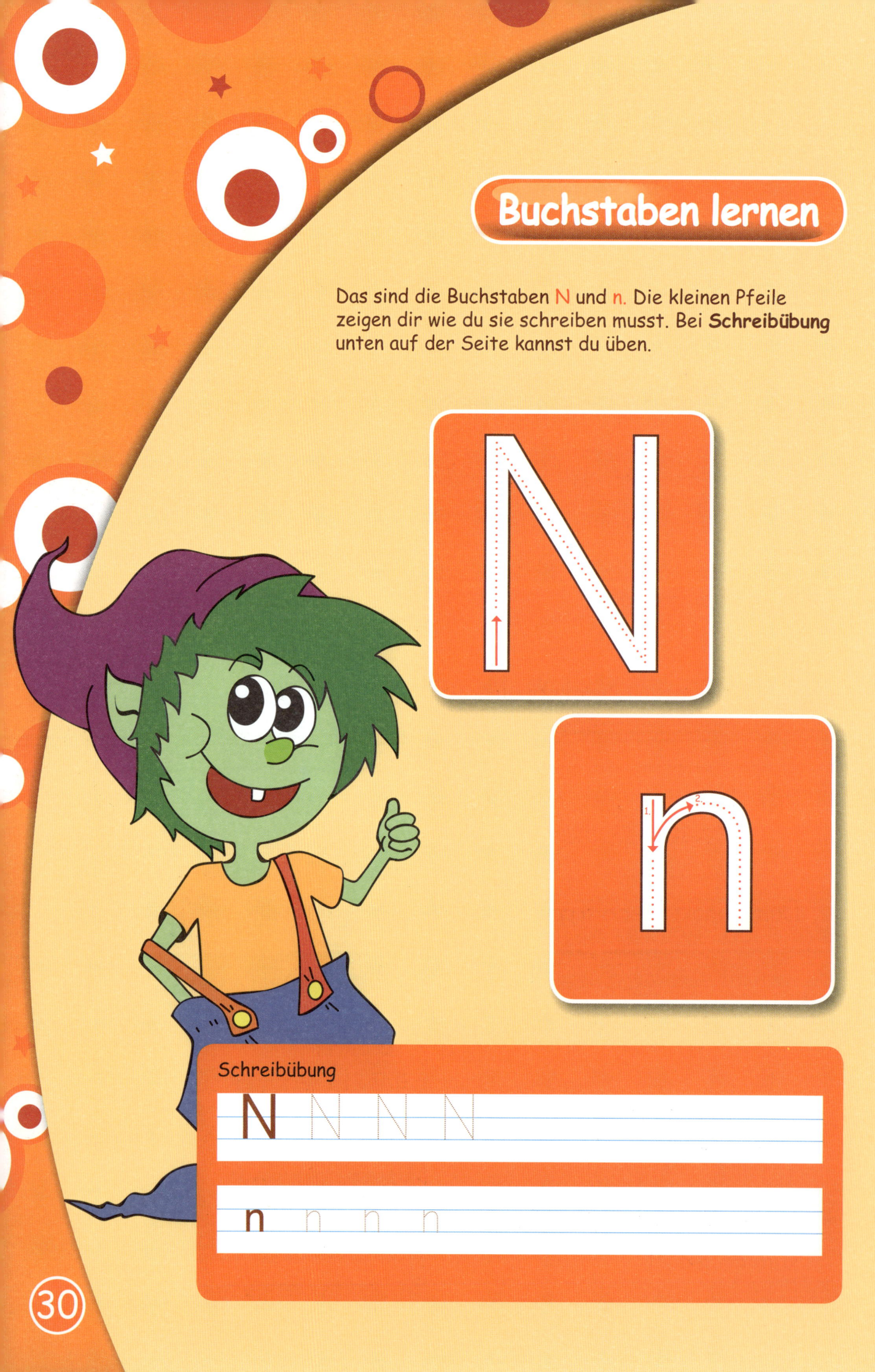

Schreibübung

N N N N

n n n n

Laura hat mit ihren Freundinnen aus Buchstabensteinen Wörter gebildet. Und der freche Mecki hat viele Buchstabensteine geklaut. Setze die fehlenden Buchstaben wieder ein. Die grünen Buchstabensteine ergeben das Lösungswort. Schreibe das Lösungswort in das grüne Lösungsfeld.

Buchstaben lernen

Das sind die Buchstaben O und o. Die kleinen Pfeile zeigen dir wie du sie schreiben musst. Bei **Schreibübung** unten auf der Seite kannst du üben.

Schreibübung

Übungen

Mecki jongliert mit Buchstaben. Kannst du erkennen, um welches Wort es sich handelt? Trage es im grünen Lösungsfeld ein. Beginne mit dem Großbuchstaben E. Kleiner Tipp, es handelt sich um ein Körperteil.

Das sind die Buchstaben P und p. Die kleinen Pfeile zeigen dir wie du sie schreiben musst. Bei **Schreibübung** unten auf der Seite kannst du üben.

Schreibübung

P P P P

p p p p

34

Übungen

Mecki der Frechdachs hat alle Wörter von hinten nach vorne geschrieben. Schreibe du sie richtig in die grünen Lösungsfelder. Beginne mit dem letzten Buchstaben, schreibe dann den zweitletzten, dann den drittletzten Buchstaben usw. Schreibe P und p immer mit rotem Stift.

lepmA	
ennafP	
fponK	
iegapaP	
apO	
epmaL	

Das sind die Buchstaben Q und q. Die kleinen Pfeile zeigen dir wie du sie schreiben musst. Bei **Schreibübung** unten auf der Seite kannst du üben.

Schreibübung

Q Q Q Q

q q q q

Mecki hat einen leckeren Buchstaben-Muffin mit ganz
vielen süßen Buchstaben gekauft. Ein paar Buchstaben
hat der Frechdachs Mecki schon gegessen. Schreibe alle
Buchstaben des Buchstaben-Muffins in alphabetischer
Reihenfolge in das grüne Lösungsfeld. Schreibe die Buchstaben, die fehlen, weil sie Mecki schon gegessen hat,
mit rotem Stift.

Großbuchstaben

Kleinbuchstaben

Mmh! Lecker!

Buchstaben lernen

Das sind die Buchstaben R und r. Die kleinen Pfeile zeigen dir wie du sie schreiben musst. Bei **Schreibübung** unten auf der Seite kannst du üben.

Schreibübung

R R R R R

r r r r

Übungen

Wörter auf dem Kopf! Da hat der freche Mecki doch alle Wörter auf dem Kopf geschrieben. Schreibe alle Wörter richtig in das grüne Lösungsfeld und benutze bei R und r einen roten Stift.

Pferd

Meer

Ferien

Koffer

Orange

Berg

Buchstaben lernen

Das sind die Buchstaben S und s. Die kleinen Pfeile zeigen dir wie du sie schreiben musst. Bei **Schreibübung** unten auf der Seite kannst du üben.

Schreibübung

S S S S

s s s s

Übungen

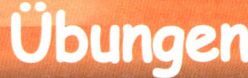

Mecki telefoniert. Schreibe alle Wörter in das grüne Lösungsfeld, so dass sich ein Satz ergibt. Dann weißt du, was Mecki gerade erfährt. Schreibe S und s mit rotem Stift.

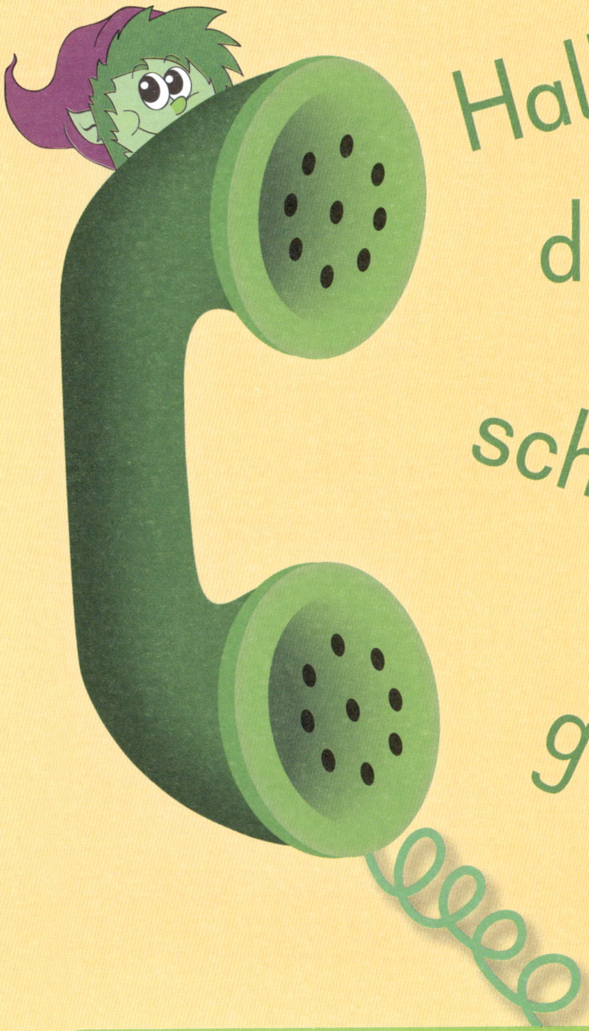

Hallo

Mecki,

dir

Susi

hat

schon

sechs

E-Mails

geschrieben.

Buchstaben lernen

Das sind die Buchstaben T und t. Die kleinen Pfeile zeigen dir wie du sie schreiben musst. Bei **Schreibübung** unten auf der Seite kannst du üben.

Schreibübung

Mecki möchte unbedingt wissen, was in dem Geschenk ist, aber nur ein Weg führt dahin. Suche den richtigen Weg zum Geschenk und schreibe alle Buchstaben nacheinander in das grüne Lösungsfeld. Dann weißt du, was in dem Geschenk ist. Male dann deinen Lösungsweg an.

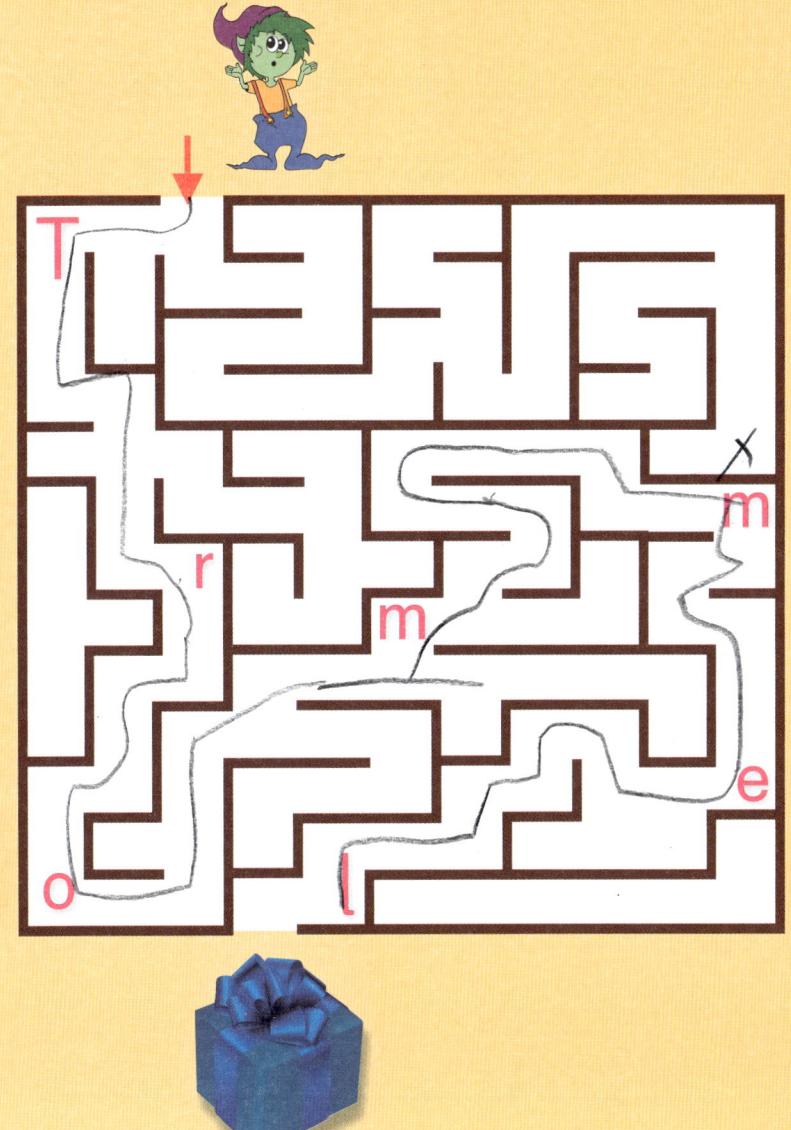

Trommel

Das sind die Buchstaben U und u. Die kleinen Pfeile zeigen dir wie du sie schreiben musst. Bei **Schreibübung** unten auf der Seite kannst du üben.

Schreibübung

Mecki spielt Rätsel, weiß aber nicht wie man die hier abgebildeten Wörter richtig schreibt. Trage du die hier fehlenden Buchstaben für Mecki in die entsprechenden Felder ein und schreibe jedes U und u mit rotem Stift.

S t | | h l

A | t

B | c

L | f t b a l l | n

H a | d s c h | h

| h r

S | p p

Danke für deine Hilfe.
Alle Wörter hier sind **Hauptwörter**, du musst deshalb mit großen Anfangsbuchstaben beginnen. Hauptwörter heißen auch **Substantive**, du erkennst sie daran, dass du ihnen **der, die** oder **das** voranstellen kannst (z. B. der Stuhl).

Das sind die Buchstaben V und v. Die kleinen Pfeile zeigen dir wie du sie schreiben musst. Bei **Schreibübung** unten auf der Seite kannst du üben.

Schreibübung

Mecki macht Kreuzworträtsel. Hilf ihm und trage immer das Gegenteil von dem angegebenen Begriff ein. Male alle Kästchen mit v bunt an.

Manchmal spricht man v wie f wie bei viel und manchmal wie w wie bei vertikal.

Das sind die Buchstaben W und w. Die kleinen Pfeile zeigen dir wie du sie schreiben musst. Bei **Schreibübung** unten auf der Seite kannst du üben.

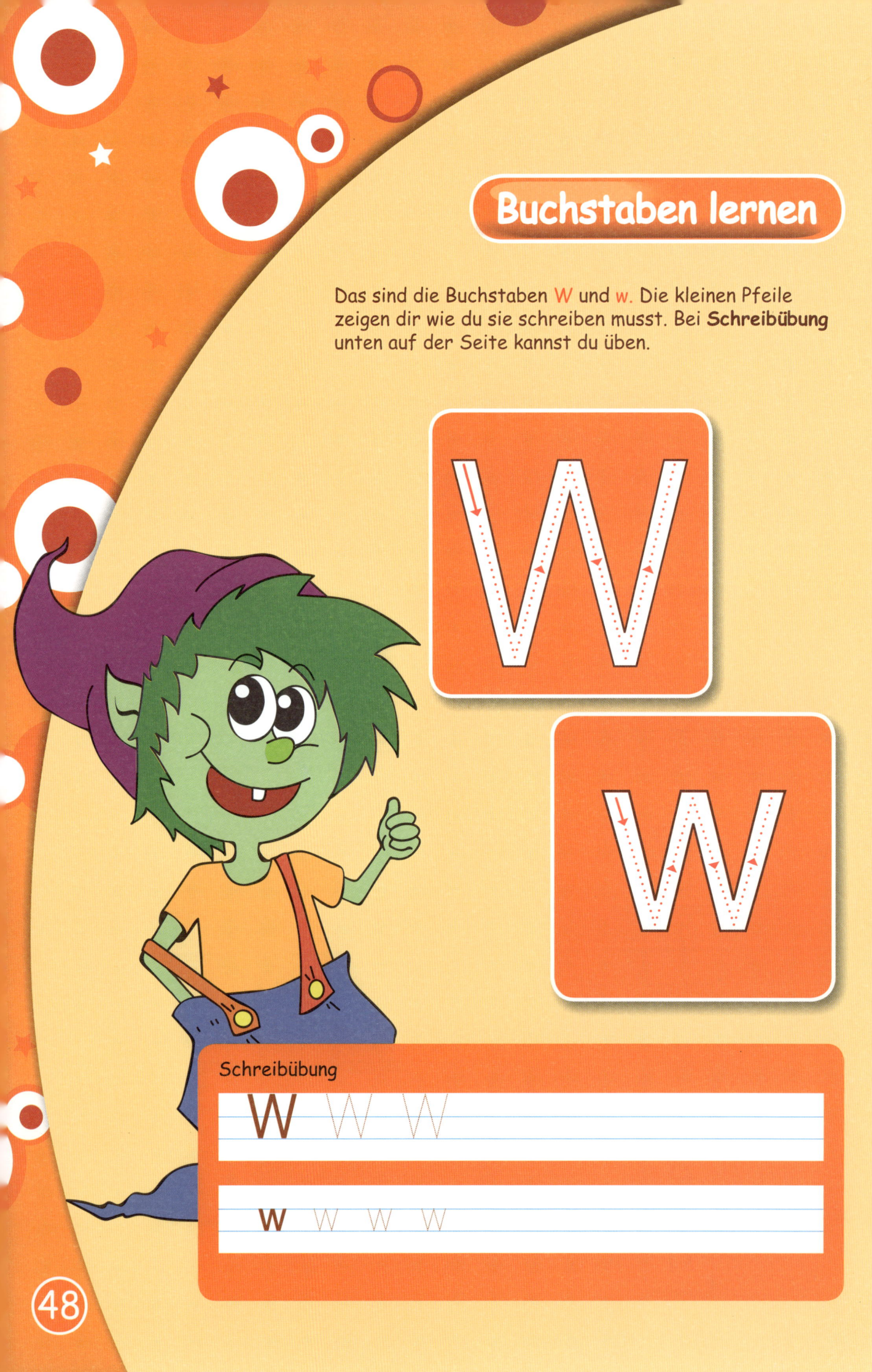

Schreibübung

W   W   W

w   w   w

Übungen

Ach du Schreck! Der freche Mecki ist durch Lisas Wörtertürme gerast und hat alles durcheinandergebracht. Schreibe die Wörter in die grünen Lösungsfelder und male alle Bausteine und Mecki bunt an.

Tipp! Beginne immer mit den großen Anfangsbuchstaben.

Das sind die Buchstaben X und x. Die kleinen Pfeile zeigen dir wie du sie schreiben musst. Bei **Schreibübung** unten auf der Seite kannst du üben.

Schreibübung

X X X X X X

x x x x

Übungen

Mecki der Schlingel hat die Buchstabenbälle ganz durcheinander in die Zylinder geworfen. Schreibe die Wörter in die grünen Lösungsfelder und verbinde die Zahlen 1 - 12. Male die Figur bunt an. Wer hat sich da wohl versteckt?

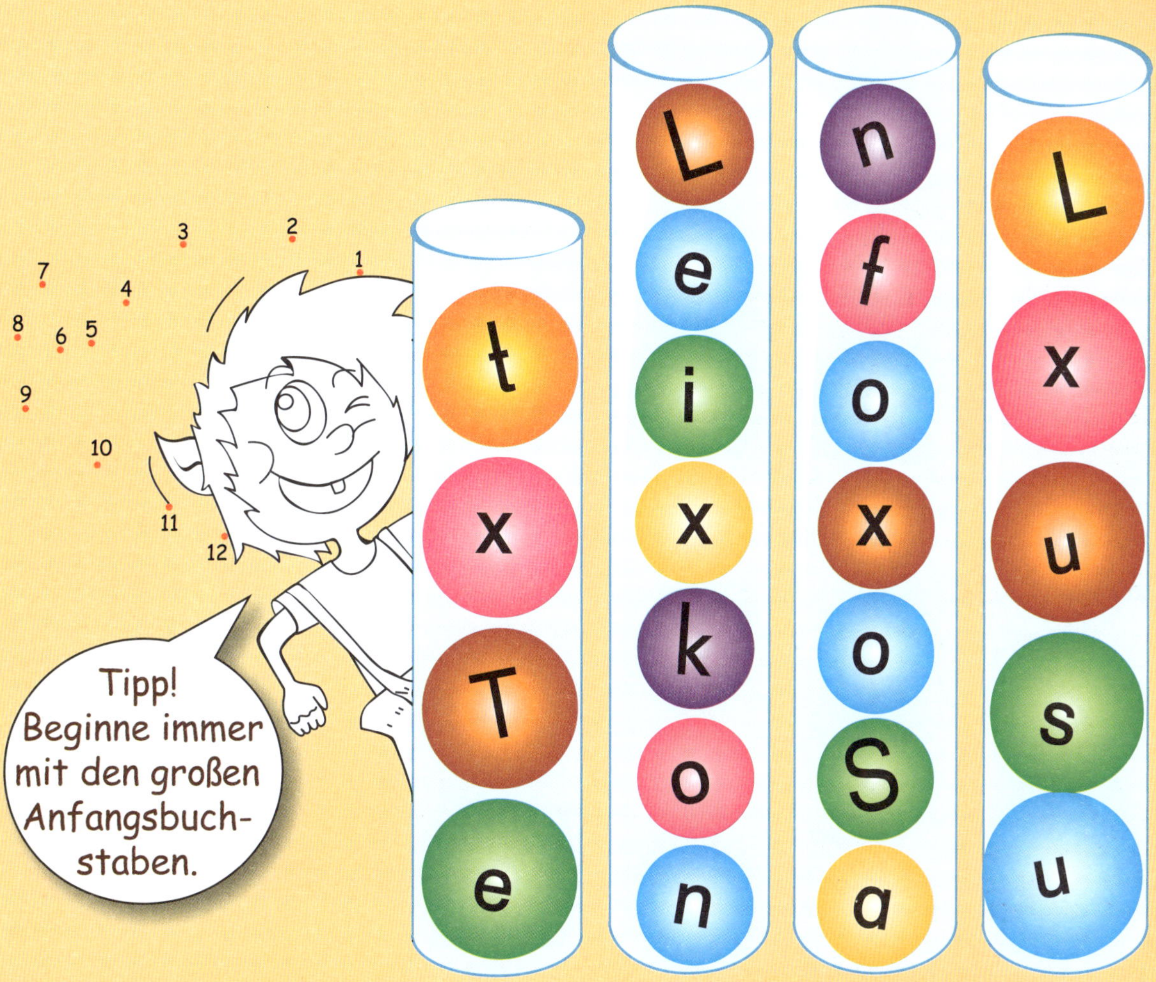
1 2 3 4 5 6 7 8 9 10 11 12
Tipp! Beginne immer mit den großen Anfangsbuchstaben.
t x T e
L e i x k o n
n f o x o S a
L x u s u

Das sind die Buchstaben Y und y. Die kleinen Pfeile zeigen dir wie du sie schreiben musst. Bei **Schreibübung** unten auf der Seite kannst du üben.

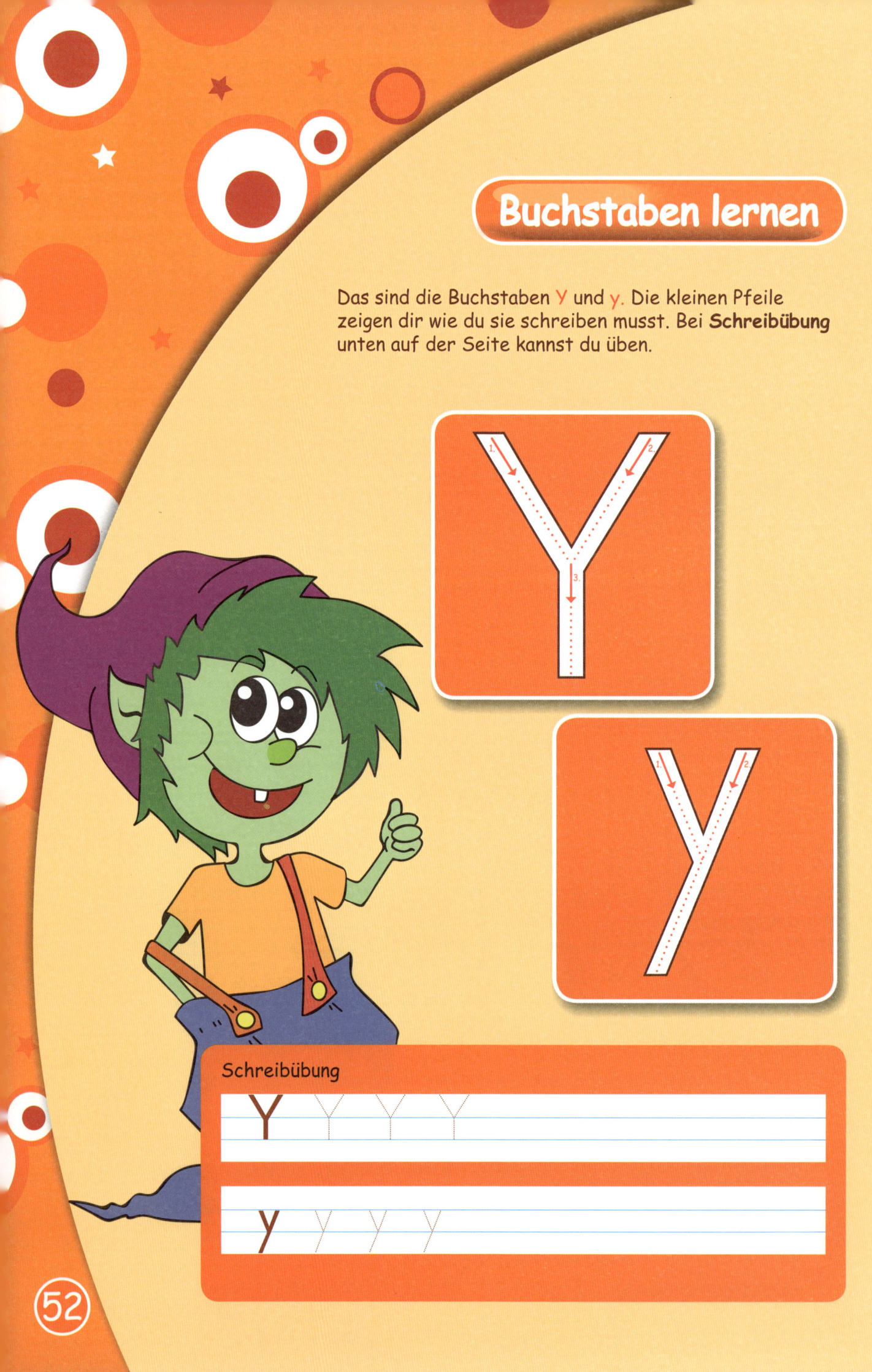

Schreibübung

Mecki hat Wörter mit y geübt, weil diese Wörter oft ein bisschen schwierig sind oder aus einer fremden Sprache kommen. Schreibe die Wörter, die Mecki hier hingeschrieben hat noch einmal schön in die grünen Lösungsfelder und sprich sie laut vor.

Pyramide PONY

sympathisch

Labyrinth typisch Baby

Das sind die Buchstaben Z und z. Die kleinen Pfeile zeigen dir wie du sie schreiben musst. Bei **Schreibübung** unten auf der Seite kannst du üben.

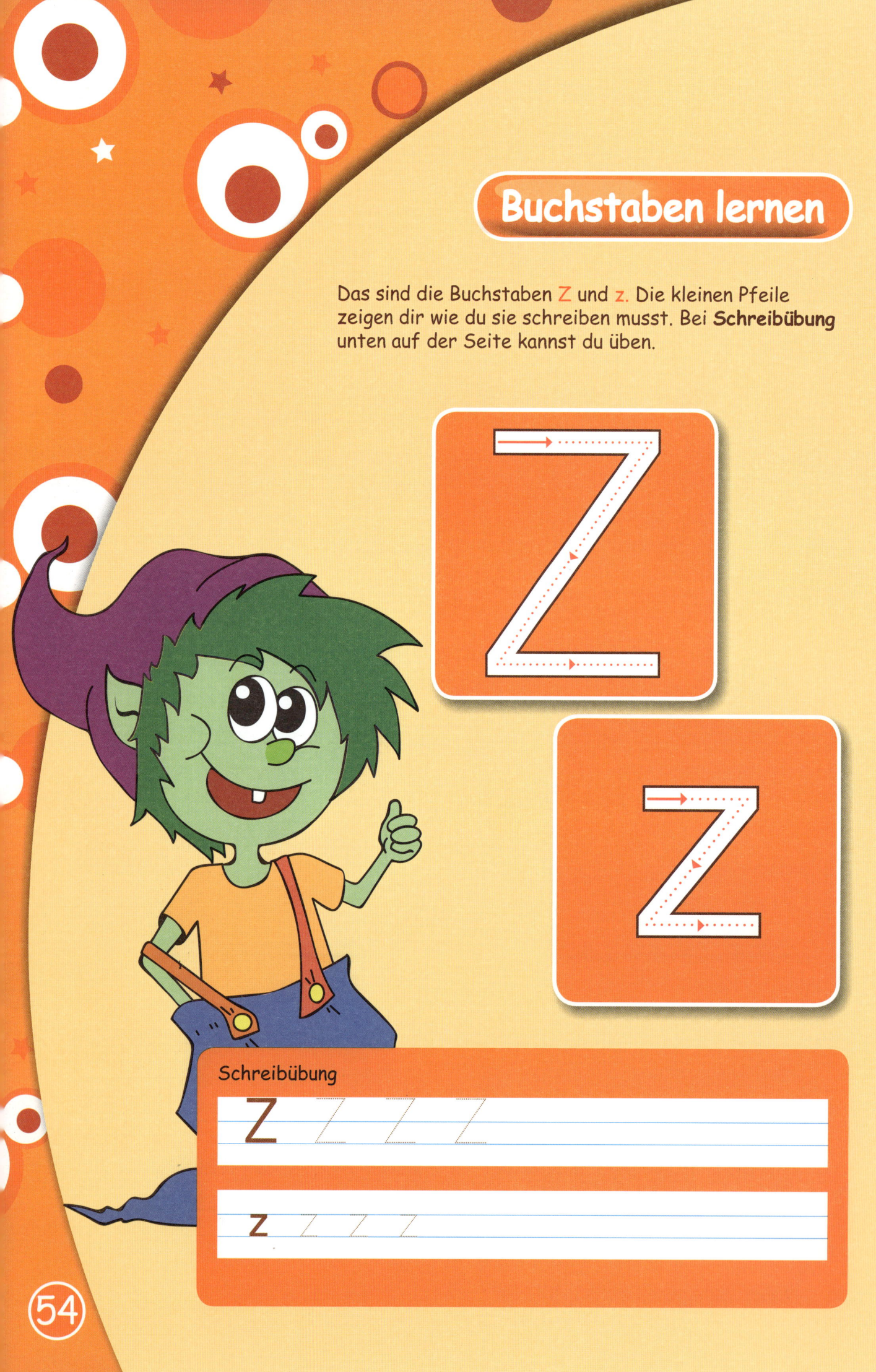

Schreibübung

Ach du Schreck! Mecki wollte einen Kuchen backen und ist dabei in den Mehltopf gefallen. Jetzt ist er ganz weiß und auch auf sein Kuchenrezept ist Mehl gefallen. Vervollständige die Wörter auf Meckis Kuchenrezept und male Mecki wieder bunt an.

Achtung!
Beim ersten und dritten Wort musst du mit großen Anfangsbuchstaben beginnen, weil es Substantive sind.

_utaten:

M_hl

_ucker

Bu__ter

Vanille_ucker

E_er

Das sind die Buchstaben Ä, Ö, Ü und ä, ö, ü. Die kleinen Pfeile zeigen dir wie du sie schreiben musst.
Bei **Schreibübung** unten auf der Seite kannst du üben.

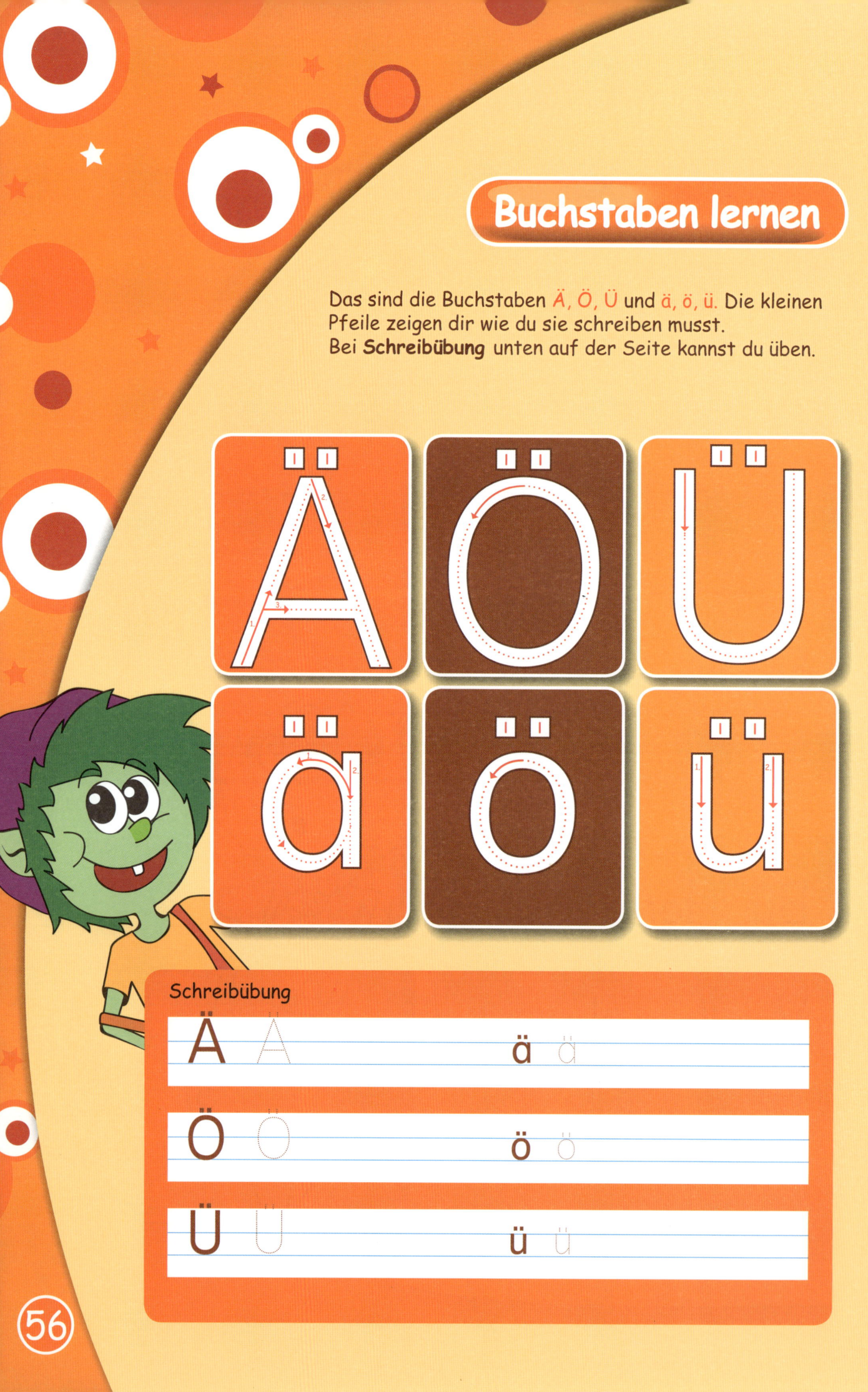

Schreibübung

Ä   ä

Ö   ö

Ü   ü

Übungen

Oh je, da hat Mecki doch glatt vergessen, wann er ä, ö oder ü schreiben muss. Hilfst du ihm?

> **Tipp!**
> Enthält ein Wort in der Einzahl ein a, musst du bei der Mehrzahl ä einsetzen, bei o musst du ö und bei u musst du ü einsetzen.

Buch - B__cher

Frucht - Fr__chte

Haus - H__user

Hand - H__nde

Topf - T__pfe

Loch - L__cher

57

Buchstaben lernen

Das ist der Buchstabe ß. Die kleinen Pfeile zeigen dir wie du ihn schreiben musst. Bei **Schreibübung** unten auf der Seite kannst du üben.

Schreibübung

ß   ß   ß   ß   ß   ß

Übungen

Mecki ist wütend, weil er das Rätsel nicht lösen kann. Kannst du das Rätsel lösen? In den blauen Feldern entsteht das Lösungswort. Schreibe es in das grüne Lösungsfeld und male alle ß-Felder rot an.

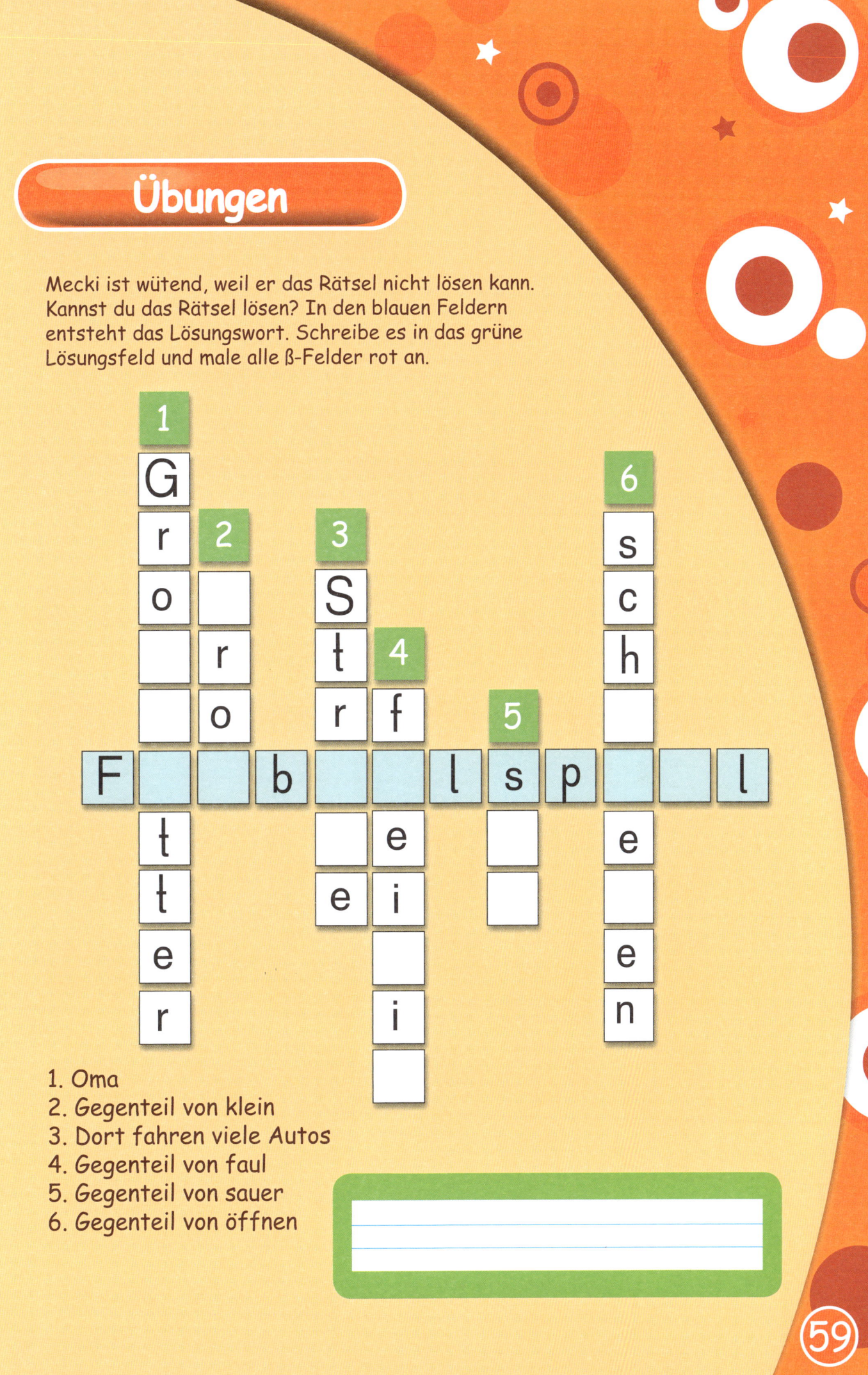

1. Oma
2. Gegenteil von klein
3. Dort fahren viele Autos
4. Gegenteil von faul
5. Gegenteil von sauer
6. Gegenteil von öffnen

Das Alphabet

Jetzt kennst du alle Buchstaben.
Hier hat Mecki noch einmal alle Buchstaben auf einen
Blick für dich zusammengestellt. Hier kannst du immer
wieder nachschauen.

Großbuchstaben

A	B	C	D	E	F
G	H	I	J	K	L
M	N	O	P	Q	R
S	T	U	V	W	X
Y	Z	Ä	Ö	Ü	

Kleinbuchstaben

a	b	c	d	e	f
g	h	i	j	k	l
m	n	o	p	q	r
s	t	u	v	w	x
y	z	ä	ö	ü	ß

Lösungen

Seite 7

B, B, B, b, b, b, b

Seite 9

Jessica, Pascal, Clemens, Claudia, Nicole, Bianca, Christoph

Seite 11

A, A, A, B, B, D, D
a, a, b, b, b, d, d

Es fehlen die Buchstaben: C, c

Seite 13

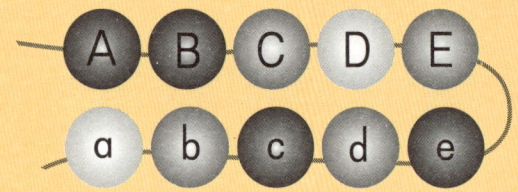

Seite 15

Affe, Café, Fee

Seite 17

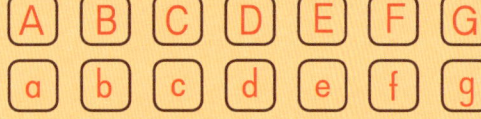

Seite 19

Seite 21

Bach, Hefe, Affe, Dieb, Bad, Hai, Fee, Ei, Dach

Seite 23

A, B, C, D, E, F, G, H, I, J
a, b, c, d, e, f, g, h, i, j

Seite 25

Kajak, Jacke, Decke, Hacke

Seite 27

a	e	j	m	K	f	b
g	o	B	i	l	d	r
e	x	f	z	g	h	a
l	d	l	c	f	h	j
b	i	l	l	i	g	n
t	v	b	g	i	b	k
x	e	s	L	i	e	d

Seite 29

Ball, Dach, Decke, Affe, Mehl, Mama, Medaille, Milch

Seite 31

Seite 33

Ellenbogen

Seite 35

Ampel, Pfanne, Knopf, Papagei, Opa, Lampe

Seite 37

A, B, C, D, E, F, G, H, I, J, K, L, M, N, O, P, Q

a, b, c, d, e, f, g, h, i, j, k, l, m, n, o, p, q

Seite 39

Pferd, Meer, Ferien, Koffer, Orange, Berg

Seite 41

Hallo Mecki, Susi hat dir schon sechs E-Mails geschrieben.

Seite 43

Lösungswort: Trommel

Seite 45

Stuhl, Auto, Buch, Luftballon, Handschuh, Uhr, Suppe

Seite 47

Seite 49

Wasser, Wange, Winter, wann

Seite 51

Text, Lexikon, Saxofon, Luxus

Seite 53

Pyramide, Labyrinth, sympathisch, typisch, Pony, Baby

Seite 55

Zutaten: Mehl, Zucker, Butter, Vanillezucker, Eier

Seite 57

Buch - Bücher   Haus - Häuser   Topf - Töpfe
Frucht - Früchte   Hand - Hände   Loch - Löcher

Seite 59

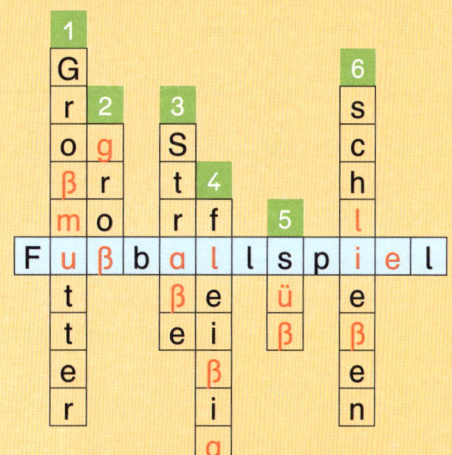